VIOLA CAIPIRA INSTRUMENTAL

42 estudos progressivos

Rui Torneze

Nº Cat.: 411-M

Irmãos Vitale Editores Ltda.
vitale.com.br
Rua Raposo Tavares, 85 São Paulo SP
CEP: 04704-110 editora@vitale.com.br Tel.: 11 5081-9499

© Copyright 2010 by Irmãos Vitale Editores Ltda. - São Paulo - Rio de Janeiro - Brasil.
Todos os direitos autorais reservados para todos os países. *All rights reserved*.

Créditos

Capa e projeto gráfico
Maurício Biscaia Veiga
Editoração das Partituras
Flávio Carrara De Capua
Revisão Ortográfica
Marcos Roque
Coordenação Editorial
Roberto Votta
Produção Executiva
Fernando Vitale

Créditos do CD

Gravado por
Estúdio Áudio In Plug, março de 2011
Viola caipira
Rui Torneze
Engenheiro de som
Marcelo Mendonça da Silva

CIP-BRASIL. CATALOGAÇÃO NA FONTE
SINDICATO NACIONAL DOS EDITORES DE LIVROS - RJ.

T638v

Torneze, Rui, 1963-
    Viola caipira instr umental : 42 estudos progressivos / Rui Torneze. - São Paulo : Irmãos Vitale, 2011.
    48p. : il., música + CD

ISBN 978-85-7407-320-0

1. Viola - Instrução e estudo.
2. Música para viola.
3. Música instrumental.
4. Música sertaneja.
  I. Título.

11-1353.   CDD: 787.3
     CDU: 780.614.333

11.03.11   15.03.11   025037

O autor

Maestro Rui Torneze foi professor de viola caipira, durante catorze anos, da Escola de Música do Estado de São Paulo (Emesp – Tom Jobim), atual denominação da Universidade Livre de Música (ULM).

Regente da Orquestra Paulistana de Viola Caipira (OPVC), São Paulo/SP.

Regente da Orquestra Piracuara de Viola Caipira, da Fundação Cultural Cassiano Ricardo, São José dos Campos/SP.

Presidente de honra da Orquestra Gaúcha de Viola Caipira (OGVC), Sapiranga/RS.

Diretor-presidente do Instituto São Gonçalo de Estudos Caipiras, sede da OPVC, São Paulo/SP.

Membro da Comissão Paulista de Folclore.

Autor de diversos livros didáticos sobre viola caipira lançados pela Editora Irmãos Vitale e de inúmeras publicações do gênero em revistas afins.

Agradecimentos

Ao meu filho Lucas Torneze, meu parceiro de jornada desde tenra idade, inegável grande mestre da viola caipira.

Ao meu filho Caio, um músico nato que veio a nos ensinar que as limitações físicas não ofuscam o brilho e a beleza do ser humano.

Aos sempre dedicados músicos da Orquestra Paulistana de Viola Caipira, forjados nos manuscritos deste manual e na obstinação histórica inerente ao povo paulista.

Aos violeiros da Orquestra Piracuara de Viola Caipira de São José dos Campos/SP, os quais foram submetidos a essa metodologia.

Ao Instituto São Gonçalo de Estudos Caipiras, pela infraestrutura de apoio.

Aos amigos e parceiros da Comissão Paulista de Folclore.

À professora Neide Rodrigues Gomes, pela parceria nos projetos que nos ajudaram a espalhar a viola caipira por São Paulo.

Ao grande folclorista e parceiro Toninho Macedo, que através de sua criação, o "Revelando São Paulo", abriu espaço para a grande manifestação violeira de todo o interior paulista.

Aos parceiros e hoje amigos da Editora Irmãos Vitale, em especial ao dr. Sérgio Vitale, que tomou o apoio e a divulgação da viola caipira como algo de alçada pessoal.

Prefácio

Vai longe o ano de 1963, em que Theodoro Nogueira publicou em *A Gazeta* suas anotações para um estudo de viola, ao mesmo tempo em que preparou seus alunos, depois famosos violonistas, Barbosa Lima e Geraldo Ribeiro, para gravarem, respectivamente, "Viola brasileira" e suas transcrições: "Bach na viola brasileira", dando à viola caipira a dignidade de um instrumento universal, sem fronteiras rítmicas. De lá para cá houve enorme evolução, com Tião Carreiro e seus pagodes, Renato de Andrade com sua viola de concerto, Almir Sater e seus chamamés, e Roberto Correia a dar perfeição técnica ao toque da viola.

O certo é que, passados 46 anos daquela experiência de Theodoro Nogueira, outro exímio violonista, também bachiano, atraído para os braços encantadores da viola caipira, o maestro Rui Torneze, confirma todas essas possibilidades do instrumento, com três primorosos CDs e dois DVDs gravados pela Orquestra Paulistana de Viola Caipira, sob sua batuta, nos quais, ao lado de preciosidades cantadas da música caipira, como "Cabocla", "Viola de pinho", "Depois que a Rosa mudou", "Maringá", "Jeitão de caboclo", apresenta solos clássicos de J.S. Bach, como "Ave Maria" (Bach/Gounod), "Jesus alegria dos homens", "Ária da quarta corda" e ainda "Primavera", de Vivaldi. O que é da mais alta importância, no caso, é que tanto nas peças cantadas como nas instrumentais a viola aparece com sua autêntica sonoridade, com seu toque típico, mostrando que pode executar qualquer gênero de música, desde que o faça com sua própria virtuosidade, com seu típico ponteado, seus arrastados, seus rasqueados e abafados, que lhe conferem o colorido do lamento triste do sertanejo à espera da cabocla que não vem, ou o saudoso da que se foi para a cidade ("Cabocla", "Pé de ipê") e o deixou apenas com o pinho que o consola nas noites frias de lua cheia, quando seu canto singelo mostra sua dor. Ou quando ele, premido pelas circunstâncias, vai para a cidade e sente a nostalgia da terra querida ("Saudade da minha terra", "Escolta de vagalumes"), então o ponteio da viola é que lhe dá consolo da saudade, a lembrar da palhoça e da natureza em volta, e o lamento a dizer: "Não há, não há lugar igual aqui, a lua faz morada no sertão em que eu nasci".

Um dado da maior relevância nessa evolução é, sem dúvida, o aparecimento de diversas orquestras de viola caipira, entre as quais se destaca a Orquestra Paulistana de Viola Caipira (OPVC), criada e dirigida pelo maestro Rui Torneze. Por meio dela, o maestro exerce o seu magistério pelo qual vem formando jovens violeiros da mais alta qualificação. A OPVC tem apresentado concertos em todo o Brasil. Suas audições alcançam distâncias. Assim é que alguém, em Portugal, ouviu a execução, por ela, do fado "Canção do mar" e ficou tão entusiasmado que requereu a presença da OPVC em concertos em diversas cidades portuguesas (abril e maio de 2010).

O magistério do maestro se completa com a produção de vídeos e livros com os quais transmite seus ensinamentos de música especialmente preparada para a viola caipira. O livro que temos em mãos tem essa finalidade. Constitui o primeiro volume para o ensino da viola caipira instrumental. Conforme o subtítulo indica são estudos progressivos e, portanto, didáticos. São exercícios destinados a iniciantes que, se executados com o atendimento das instruções fornecidas, o conduzirão ao domínio do instrumento, de sorte que, só com o estudo deste primeiro, o iniciante tomará tal gosto pela viola que jamais a deixará, verificando que, com paciência e dedicação, o aperfeiçoamento vai chegando quase que imperceptivelmente. Quando menos espera, virou violeiro de verdade...

Posso atestar a eficiência do método porque, como aluno, pratiquei muitos dos exercícios que integram este livro e senti o quanto essa prática dá desenvoltura.

Finalmente, quero manifestar minha alegria em prefaciar este *Viola caipira instrumental*. Já fiz muitos prefácios a livros, sobretudo na área jurídica, mas quero deixar aqui consignado que, se sempre me senti honrado ao prefaciar outras obras, digo, com o maior prazer, que estou tendo aqui a honra mais elevada que jamais esperei ter, pois que discípulo e admirador espera prefaciar a obra de seu mestre?

José Afonso da Silva

Nota do autor

Este livro tem como objetivo promover ao iniciante de viola caipira uma capacitação mecânica das mãos e ao mesmo tempo, de forma didática e progressiva, familiarizá-lo à leitura musical formal, evitando a utilização das tais tablaturas que, a princípio se apresentam muito práticas, mas que, no entanto, escravizam e limitam o horizonte e o potencial do músico.

Quem aprecia e se dispõe a tocar esse magnífico instrumento, certamente fica maravilhado com a destreza e o desembaraço que nossos ícones ponteiam a danada... Tenta-se, por imitação, reproduzir os "solinhos" de Tião Carreiro, Bambico, entre tantos outros mestres que nos encantam; mas, para muitos, a frustração é algo comum... Não parece ser tão difícil, mas os dedos não obedecem! Ora, isso equivale a querer entrar num time de futebol profissional e jogar de igual para igual com nossos craques preferidos. Não vemos os barros que eles amassaram, suas trajetórias, seus treinos. Muitos desses que, se vistos de forma isolada, sem se entender de fisiologia, medicina esportiva e educação física, acharíamos desnecessários, como se fossem brincadeiras...

Pois a mecânica das mãos trata exatamente disso: exercícios programados a promover desenvolturas motora e cognitiva suficientes para que o violeiro possa ter condições de executar aquilo que deseja, ou seja, pontear qualquer "trem".

Para tanto, peço que você ACREDITE em algumas coisas:

1. Em você mesmo, na capacidade ilimitada que todo o ser humano carrega dentro de si;

2. Em todas as dicas, observações e diretrizes traçadas neste manual, pois o material aqui contido é resultado de experiência didática de anos de trabalho, testes e aplicações, e todos os que seguiram seus passos conseguiram sucesso;

3. Que milagre não existe nesse campo. O que existe é muito trabalho, seriedade, disciplina e dedicação.

Tenha em mente três pontos comuns às pessoas bem-sucedidas:

VONTADE (o querer);

SABEDORIA (o amor, o bom senso, a dedicação, o compartilhar);

INTELIGÊNCIA (a disciplina, o estudo).

Mãos à obra e viva São Gonçalo!

Como ler e interpretar partituras

Lançar-se à leitura musical é como aprender uma língua estrangeira. A experiência das modernas metodologias nos mostra que a melhor maneira de aprender uma linguagem é através da própria vivência dessa linguagem e dos códigos a ela circunscritos. O famoso "the book is on the table" não é traduzido, mas sim se aponta um livro em cima de uma mesa, fazendo o aluno perceber o entendimento daquilo que se quer fazer entender por si só, fazendo-o assimilar a ideia, a mensagem que se quer transmitir e a repetição sistemática da pronúncia, até que o resultado seja satisfatório.

Faremos o mesmo em relação à leitura musical. Iremos entendê-la conforme a necessidade do tocar, de forma natural e progressiva. Para tanto, alguns itens iniciais devem ser assimilados.

O pentagrama

É o conjunto de cinco linhas horizontais e paralelas, nas quais as notas são expressadas.

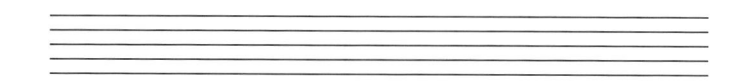

Conforme a **posição em que as notas são lançadas nele**, elas recebem os tradicionais nomes tão conhecidos, como Dó, Ré, Mi etc.

As notas, as quais terão vários formatos como veremos no decorrer deste livro, são escritas nele tanto sobre as linhas quanto nos espaços entre as linhas. Os nomes das notas (Dó, Ré, Mi etc.) estão **em função** do símbolo inscrito no início do pentagrama, a **clave**. Para a leitura das músicas expressas à viola caipira só será utilizada a **clave de Sol**.

Mi   Fá   Sol   Lá   Si   Do   Ré   Mi   Fá

Lembre-se: isso vai ser importante lá na frente.

O pentagrama é analógico, ou seja, notas escritas em locais mais altos do pentagrama significam notas mais altas, ou seja, mais agudas, de som mais "fino". Em locais mais baixos do pentagrama, elas significam notas mais baixas, ou seja, mais graves, de som "grosso". E as notas escritas no meio do pentagrama são as de som "médio"; elas não são nem muito graves, nem muito agudas.

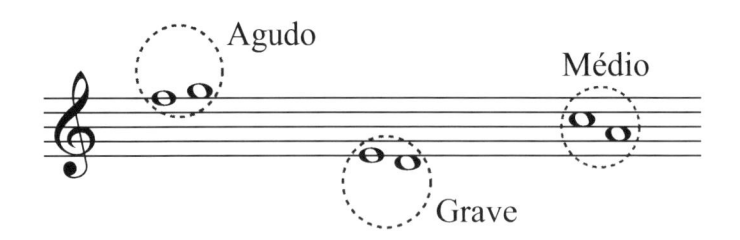

Muitas vezes, as tais cinco linhas são insuficientes para se expressar notas muito agudas e notas muito graves, sendo que para isso a escrita se vale de linhas e espaços suplementares superiores e inferiores, respectivamente.

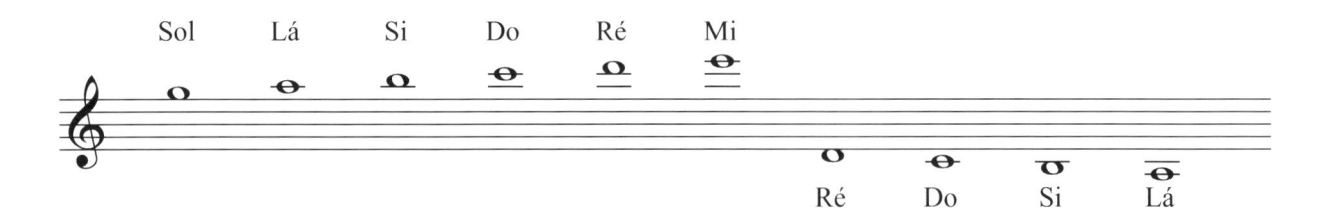

Dica:

Para você se acostumar a "olhar a partitura" e falar o nome das notas pegue um caderno de música ou desenhe vários pentagramas. Depois preencha com notas os espaços entre as linhas (Fá, Lá, Dó, Mi) e as decore nessa ordem, e depois fora de ordem, **sempre escrevendo e falando o nome da nota**, para que elas sejam assimiladas de pronto.

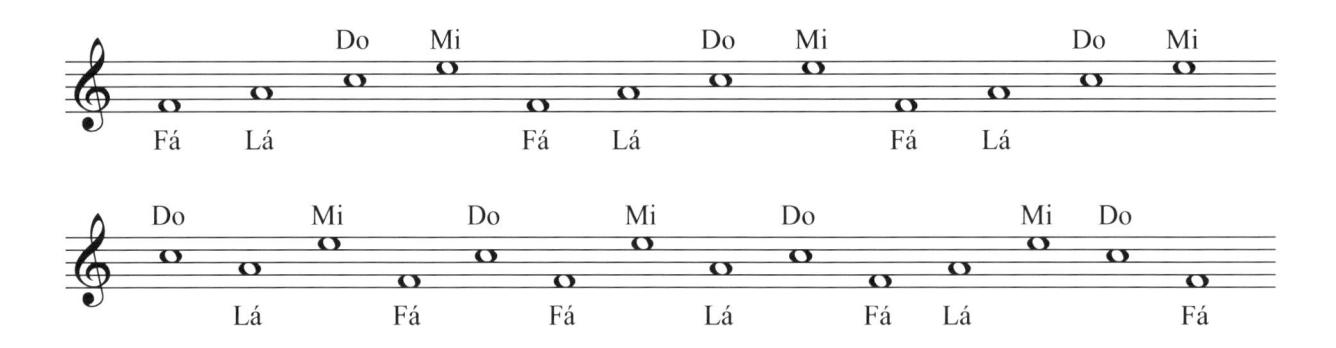

Faça o mesmo com as notas escritas nas linhas (Mi, Sol, Si, Ré, Fá).

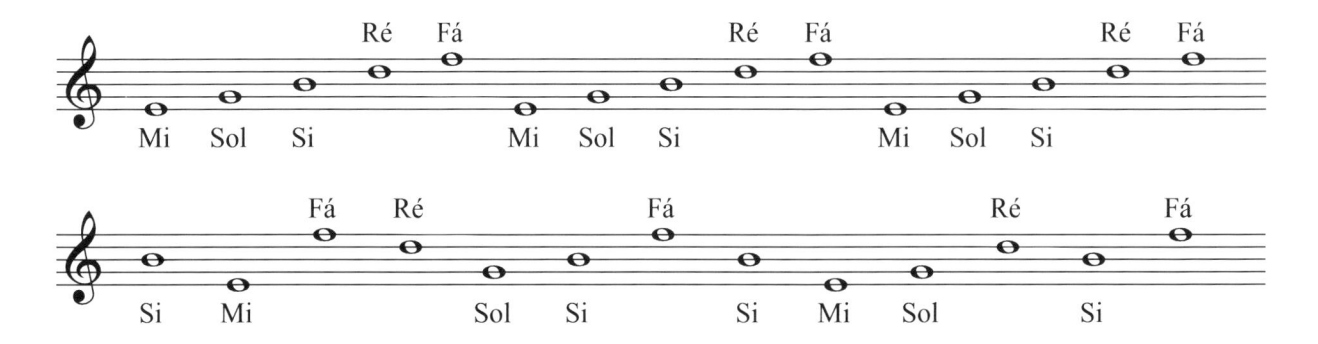

Lembre-se e não confunda: o pentagrama não tem nada a ver com cordas de viola. Ele é só um suporte para leitura.

Os compassos

Quanto mais complexas e sofisticadas as atividades realizadas pelo ser humano, ele costuma administrá-las no tempo através de uma divisão. A exemplo disso, povos de culturas e atividades mais simples costumam dividir o dia entre claro e escuro, noite e dia. Nós já o fazemos dividindo o dia em partes iguais em horas, minutos, segundos e suas frações; no entanto, sabemos que essas medidas são convenções imaginárias, pois o que se tem, na realidade física, é o movimento completo de rotação de uma volta da terra no seu próprio eixo.

Como a música é uma atividade complexa e organizada, a cultura ocidental a dividiu em pequenas partes iguais, também imaginárias, denominadas de **compassos**.

Isso significa que cada compasso deve ser executado ou tocado em tempos iguais, sem interrupção, não importando a quantidade de notas que cada um venha a conter.

O que vai determinar a quantidade de pulsos de cada compasso estará expresso no <u>número superior</u> da **fórmula de compasso***, a qual vem sempre indicada no início de cada música. Mais adiante, ajudaremos você a desvendar o significado do número inferior da fórmula de compasso.

Pulsação binária (dois tempos por compasso)

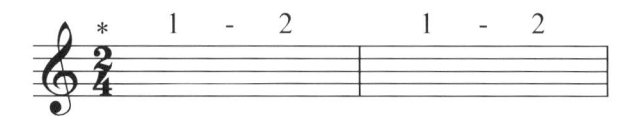

Pulsação ternária (três tempos por compasso)

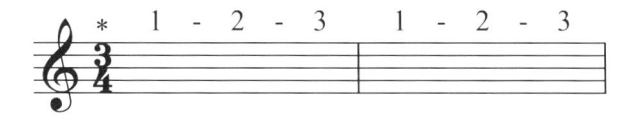

Pulsação quaternária (quatro tempos por compasso)

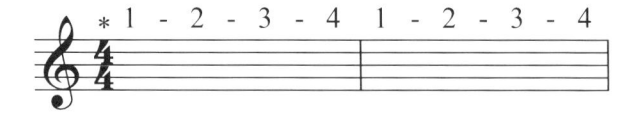

Iniciando os estudos práticos

Para que possamos "sair" tocando, vamos decifrar a codificação formal geralmente utilizada, à medida que vai sendo necessária, evitando-se uma memorização de conceitos sem que sejam utilizados no determinado momento.

Estudos sobre os pares "soltos"

Neste momento, o objetivo do estudo é associar as notas expressas na partitura às possíveis localizações das notas no braço da viola, bem como executá-las no seu devido tempo, aprendendo, de forma gradual, a leitura e a execução musical.

A duração de cada nota está em função de seu formato. A primeira, a qual será vista, é a **semibreve***. Ela, no estudo nº 1, ocupa sozinha os compassos e estes são de quatro pulsos (observe o número superior da fórmula de compasso). Sendo assim, cada semibreve durará ou deverá vibrar quatro tempos (a primeira: Mi, i, i, i) e assim por diante.

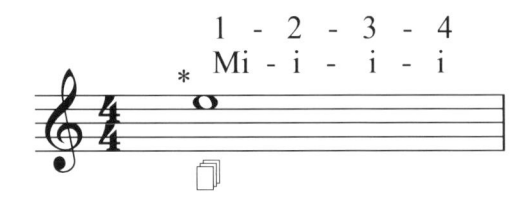

Está indicado logo abaixo desta o **par** o qual a nota será produzida (o número do par vem sempre envolto a um círculo). **Lembre-se que nos próximos exercícios estudaremos os pares soltos.**

As letras **p**, **i**, **m** e **a** se referem aos dedos da mão direita listados para extrair o som das cordas. Assim sendo:

p: polegar;
i: indicador;
m: médio;
a: anelar.

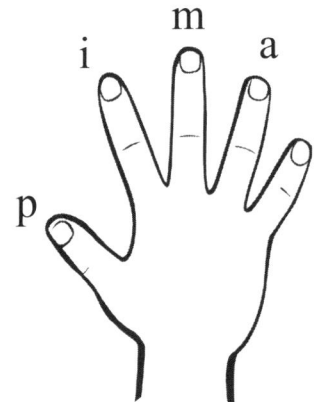

Estudo nº 1

<u>Lembrete importante válido para todos os estudos à seguir:</u>

Antes de tocar, vamos solfejar o estudo, ou seja, falar o nome das notas em voz alta, simulando a duração delas (solfejo falado: Mi, i, i, i / Si, i, i, i / Sol, ol, ol, ol / Mi, i, i, i etc.) e depois quando executá-las à viola, vamos continuar fazendo isso, procurando alcançar com a voz o som emitido (solfejo cantado ou entoado). Isso, de certa forma, nos ajudará na hora da execução e estimulará o sistema nervoso a materializar, através da fala, o movimento de extração da nota, que, mais tarde, no momento de tocar efetivamente, será materializada pelo movimento dos dedos.

Mãos à obra!

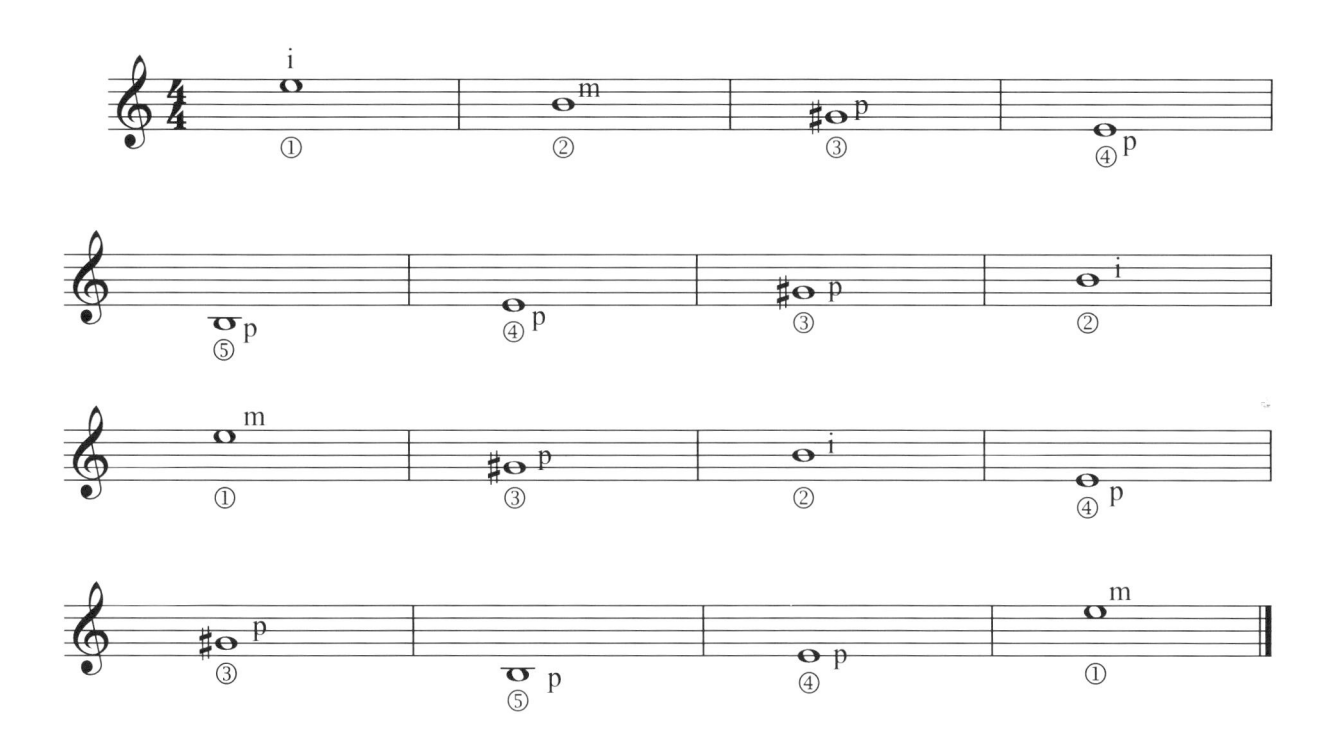

Estudo nº 2

Observe agora a mudança do formato da nota.

Esta é a **mínima**:

Veja que temos duas mínimas ocupando os compassos de quatro pulsos. Sendo assim, podemos chegar à conclusão de que elas, neste caso, vibrarão **dois tempos** cada uma.

O solfejo então é: Mi, i, Mi, i / Si, i, Si, i / Sol, ol, Sol, ol etc.

Vamos lá... Toque o exercício:

* Esta nota Sol também é sustenido. Vide explicação sobre observações quanto à ocorrência de acidentes na página 25.

Estudo nº 3

Mudou outra vez o formato da nota.

Esta é a **semínima**:

Agora, temos quatro semínimas ocupando compassos quaternários (ou de quatro pulsos), em que chegamos à conclusão de que cada semínima, nesse caso, vale um tempo cada.

O solfejo então é: Mi, Mi, Mi, Mi / Si, Si, Si, Si / Sol, Sol, Sol, Sol etc.

Procure executar sempre os exercícios seguindo a digitação (dedos solicitados para formação e extração da nota) sugerida, bem como os pares também sugeridos.

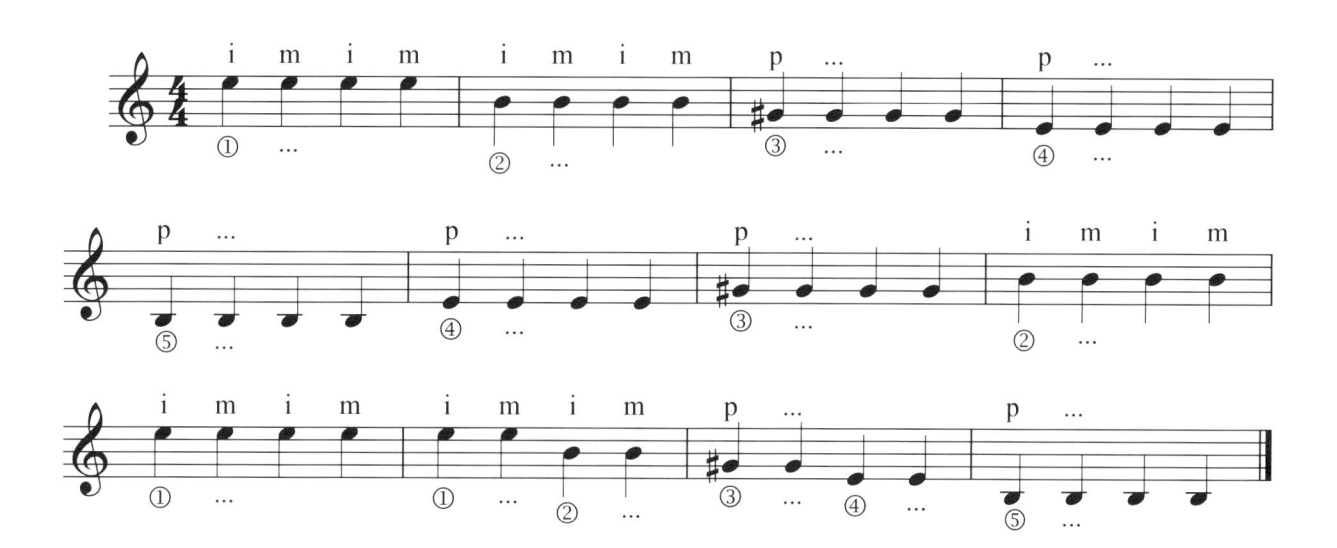

Estudo nº 4

Estudo nº 5

Estudo nº 6

A partir daqui, estudaremos as notas produzidas "par a par", até a quarta casa, para que sejam memorizados os respectivos locais de produção destas.

Alguns aspectos importantes devem ser ressaltados:

• Os números "sozinhos" em cima da nota se referem aos dedos da mão esquerda, como seguem:

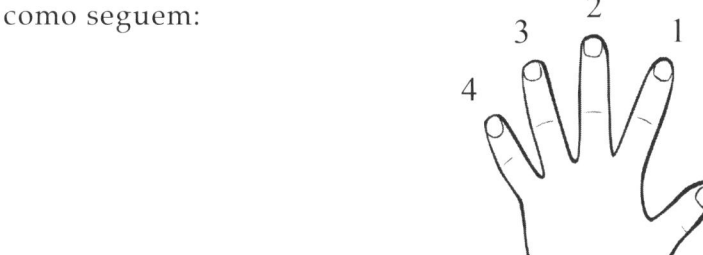

• Os números envoltos por círculos se referem ao número do par envolvido; quando o número for "**zero**", ele se **refere ao par solto** daquele referido estudo.

• Procure ler a partitura, solfejar e tocar ao mesmo tempo, em voz alta, sem olhar para a mão esquerda, como se fossem aquelas velhas lições de datilografia, simplesmente baixando o dedo na casa solicitada (dedo 1, casa 1; dedo 2, casa 2; dedo 3, casa 3; dedo 4, casa 4).

Estudo nº 7

Par 1

Estudo nº 9

Par 2

Estudo nº 10

Par 2

Estudo nº 11

Par 3

Estudo nº 12

Par 3

Estudo nº 13

Par 4

Estudo nº 14

Par 4

Estudo nº 15

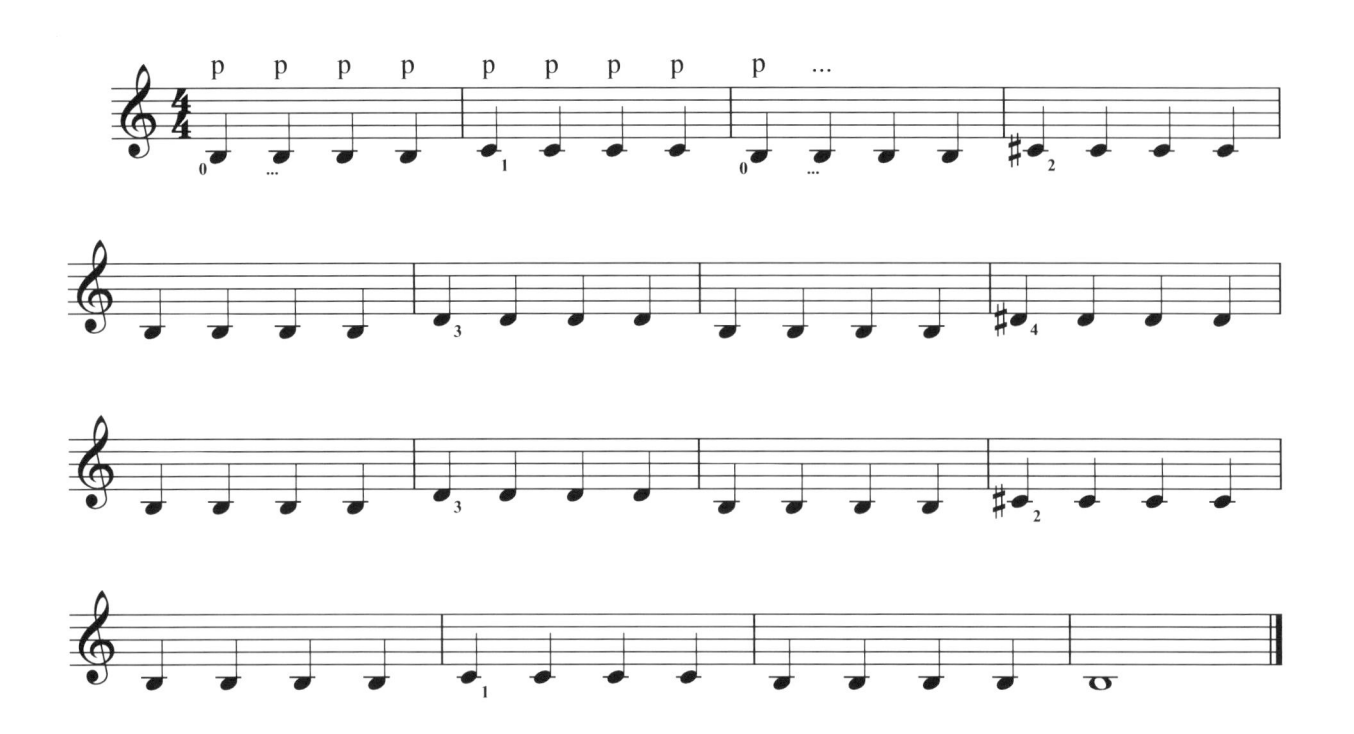

Par 5

Estudo nº 16

Par 5

Temos, a partir daqui, estudos com pares misturados. Observe rigorosamente a digitação, tanto os pares específicos quanto os dedos listados para produzir as notas.

Surge uma nova figura, a **colcheia**: ♪ (♪♪ = ♫)

Veja que no estudo abaixo, de pulsação binária, cada compasso comporta quatro colcheias. Sendo assim, cada uma tem o tempo de vibração ou duração igual a "meio tempo". Imagine como se fosse pronunciar a palavra "Bora Bora", acentuando a primeira sílaba. As notas devem ser produzidas da mesma forma, acentuando-se a primeira e a terceira.

Exemplo do solfejo do estudo abaixo:
MíFa, MíFa / SíDo, SíDo / SólLa, SólLa etc.

Mãos à obra!

Observações quanto à ocorrência dos "acidentes":

Os "acidentes" (sustenidos, bemóis e bequadros) são classificados em função do momento e onde aparecem, e assim, mediante essa classificação, decorrem algumas regrinhas de fácil memorização para a sua adequada execução.

Dos estudos 17 ao 21, teremos os acidentes do tipo **ocorrente**, ou seja, quando aparecem, só tem sua validade dentro do compasso. Quando determinado compasso termina seu efeito, também se esvai.

Outro tipo de acidente é o de **precaução**: tem como função alertar o músico de que o acidente anterior não é mais válido. Geralmente aparece entre parênteses. Na verdade, pela regra, não seria necessário, mas como o músico tem pouco tempo para avaliar a situação e não pode vacilar, ele não se torna redundante. Veja o estudo nº 19, compasso 11: o bequadro alerta o músico de que o "Dó" não é mais sustenido como ocorreu no compasso 10.

Já os acidentes **fixos** são colocados anexos à clave – deverão ser observados e assim produzidos durante toda a execução da peça. Veja o estudo nº 22: do compasso 1 ao 9, todas as notas "Fá" serão sustenidos (independente de suas alturas: "Fá" agudo, médio ou grave). Dos compassos 10 ao 18, todas as notas "Fá", "Dó", "Sol" e "Ré" serão sustenidos.

A partir do estudo nº 22, você deve observar sempre quais são os acidentes fixos vigentes.

Estudo nº 17

Obs.: Do estudo 17 ao 21: Sequência de notas produzidas nos pares ① e ②, utilize digitação da mão direita "i" e "m". Quando nos pares ③, ④ e ⑤, utilize o polegar "p".

Estudo nº 18

Estudo nº 19

Estudo nº 20

Estudo nº 21

A viola caipira, assim como outros cordófonos, são instrumentos musicais polifônicos, ou seja, emitem vários sons ao mesmo tempo. A partir deste estudo, essa possibilidade será abordada e mais de uma "voz" será executada pelo violeiro. Observe nos próximos estudos que estes terão uma parte mais grave (baixa) e uma mais aguda (alta) como se fossem dois instrumentos tocando juntos. Assim, cada parte (grave e aguda) deverá somar seus pulsos de forma independente para fechar o tempo do compasso.

Veja que no exercício a seguir a nota grave é uma mínima com um ponto de aumento (acresce à nota metade de seu valor), devendo durar ou vibrar três tempos, enquanto a primeira figura da parte aguda é uma pausa de semínima – um tempo (nada deve ser tocado na parte aguda nesse primeiro tempo) e depois, no segundo e terceiro tempos, duas mínimas respectivamente, sendo que enquanto estas duas notas são executadas, a vibração da primeira nota ainda deve estar presente. Quando a nota grave for "presa", ou seja, construída com o dedo da mão esquerda, este não deve se desgrudar da escala do instrumento até o final do compasso, para que a mesma possa vibrar os três tempos, enquanto as outras duas próximas notas são executadas.

Estudo nº 22

Estudo nº 23

Agora, a parte aguda vibrará três tempos. Assim, não vai "desmontar" a nota até que as outras duas notas graves sejam executadas.

* Observe que pela ação dos bequadros, o Dó, o Sol e o Ré passaram a não ser mais sustenidos.

Estudo nº 24

Neste estudo, o primeiro toque compreende uma nota grave e uma aguda ao mesmo tempo, lembrando que, neste caso, a nota grave (uma mínima de dois tempos) deverá soar até o final da execução da segunda nota aguda.

Estudo nº 25

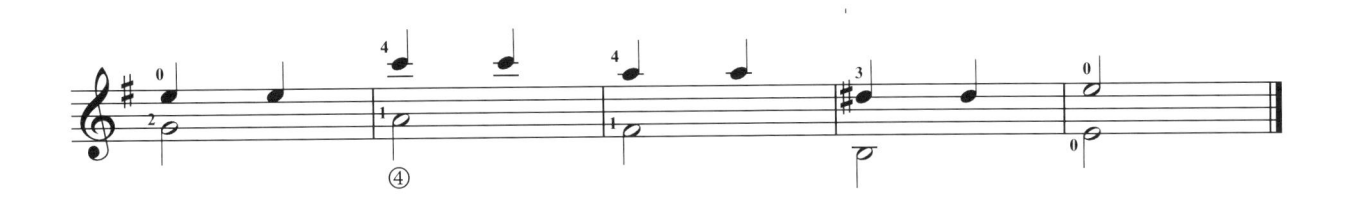

Aqui, outra notação de digitação se acresce: nos compassos 6, 8, 17 e 18 uma letra "C" e números em algarismos romanos se dispõem sobre estes respectivos compassos. Isso indica que uma "pestana", ou seja, o dedo indicador da mão esquerda (o dedo 1) deverá ser esticado e colocado sobre os cinco pares da casa ("C") de número indicado pelo algarismo romano, auxiliando a execução daquelas notas até o limite estabelecido pela linha que se segue após essa indicação.

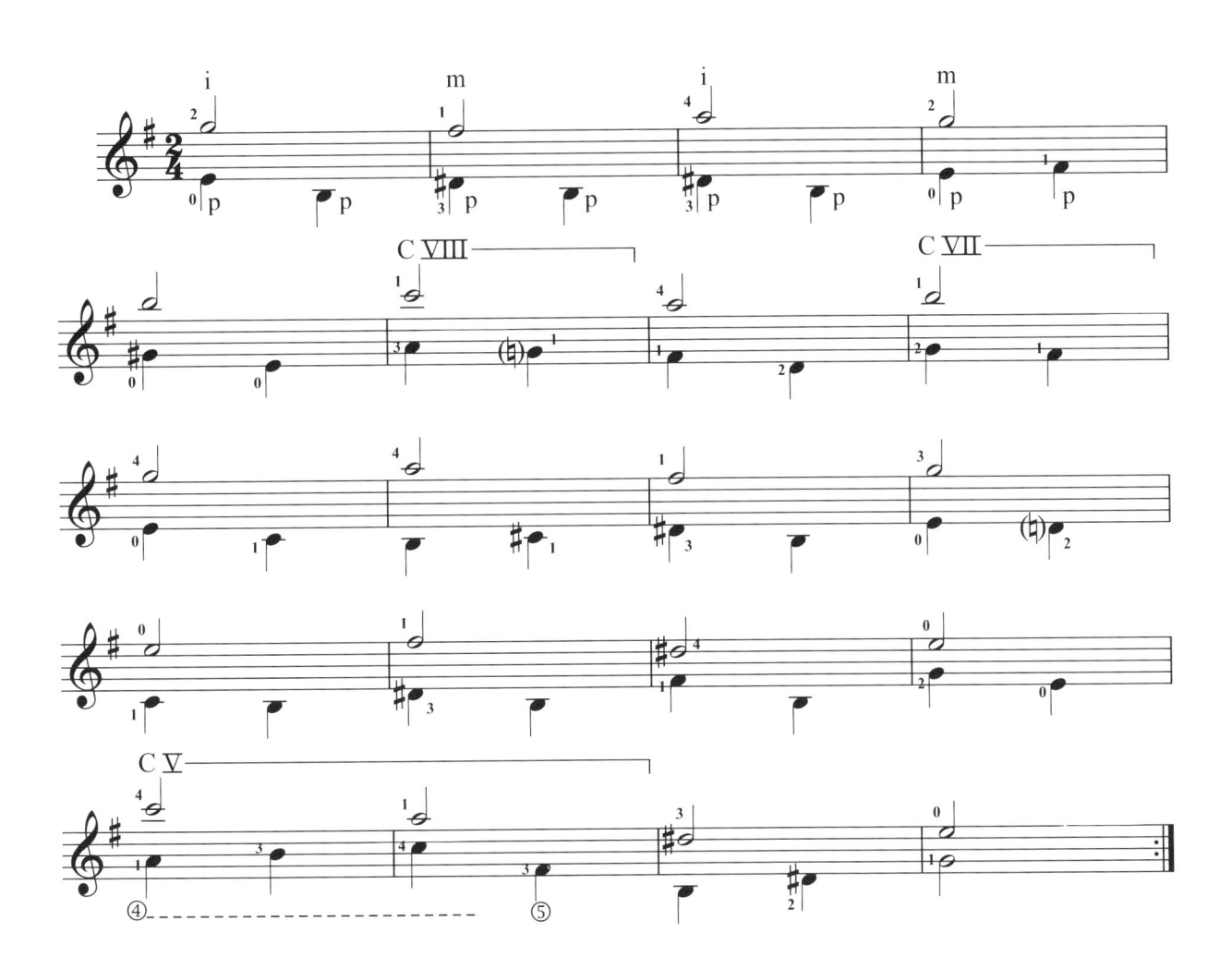

Estudo nº 26

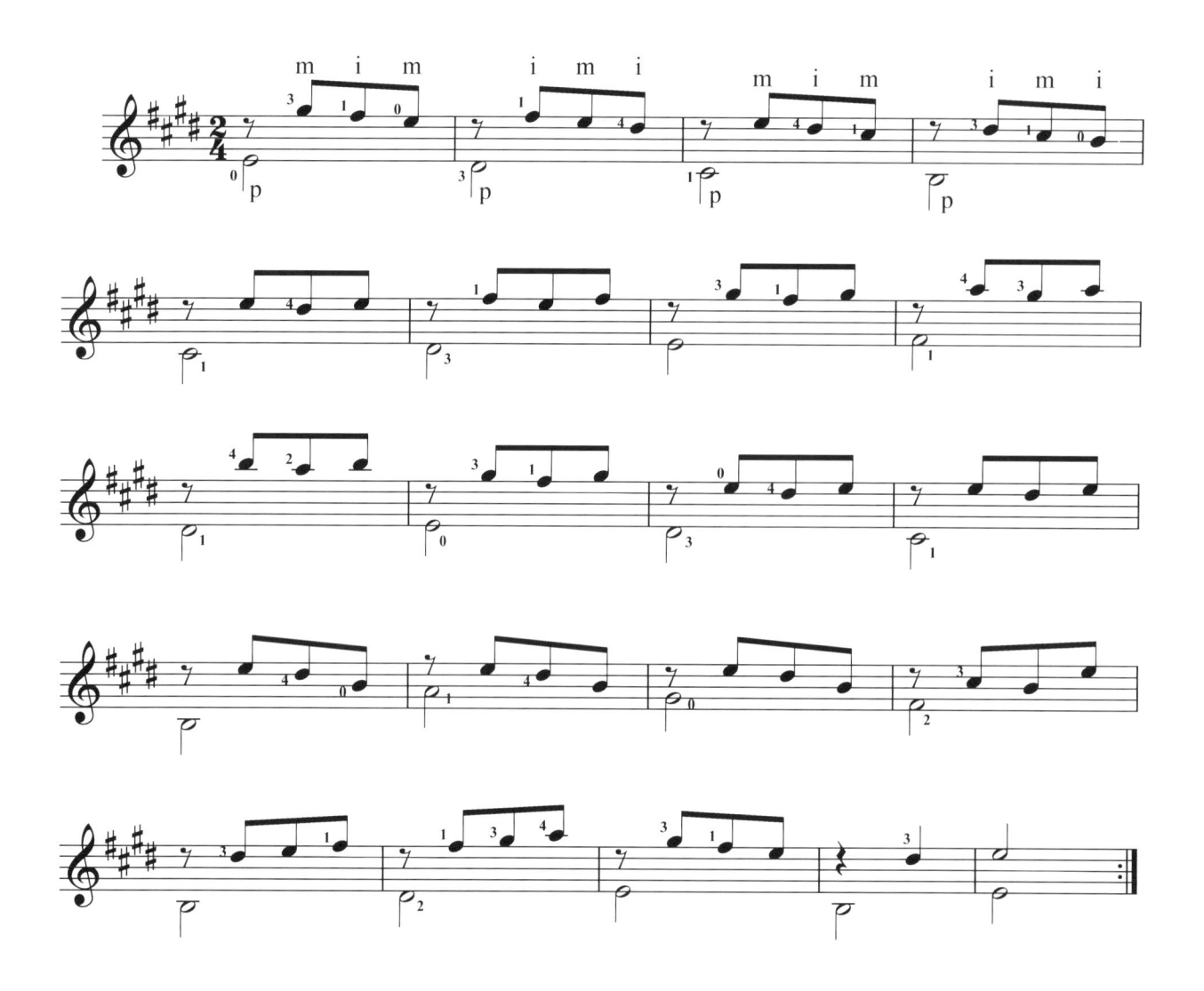

Estudo nº 27

Neste estudo, as partes grave e aguda deverão vibrar os três tempos de cada compasso e não poderão ser "desmontadas" enquanto as duas notas da parte central (como se fosse uma terceira "voz" ou o acompanhamento) ocuparão o segundo e terceiro tempos de cada compasso.

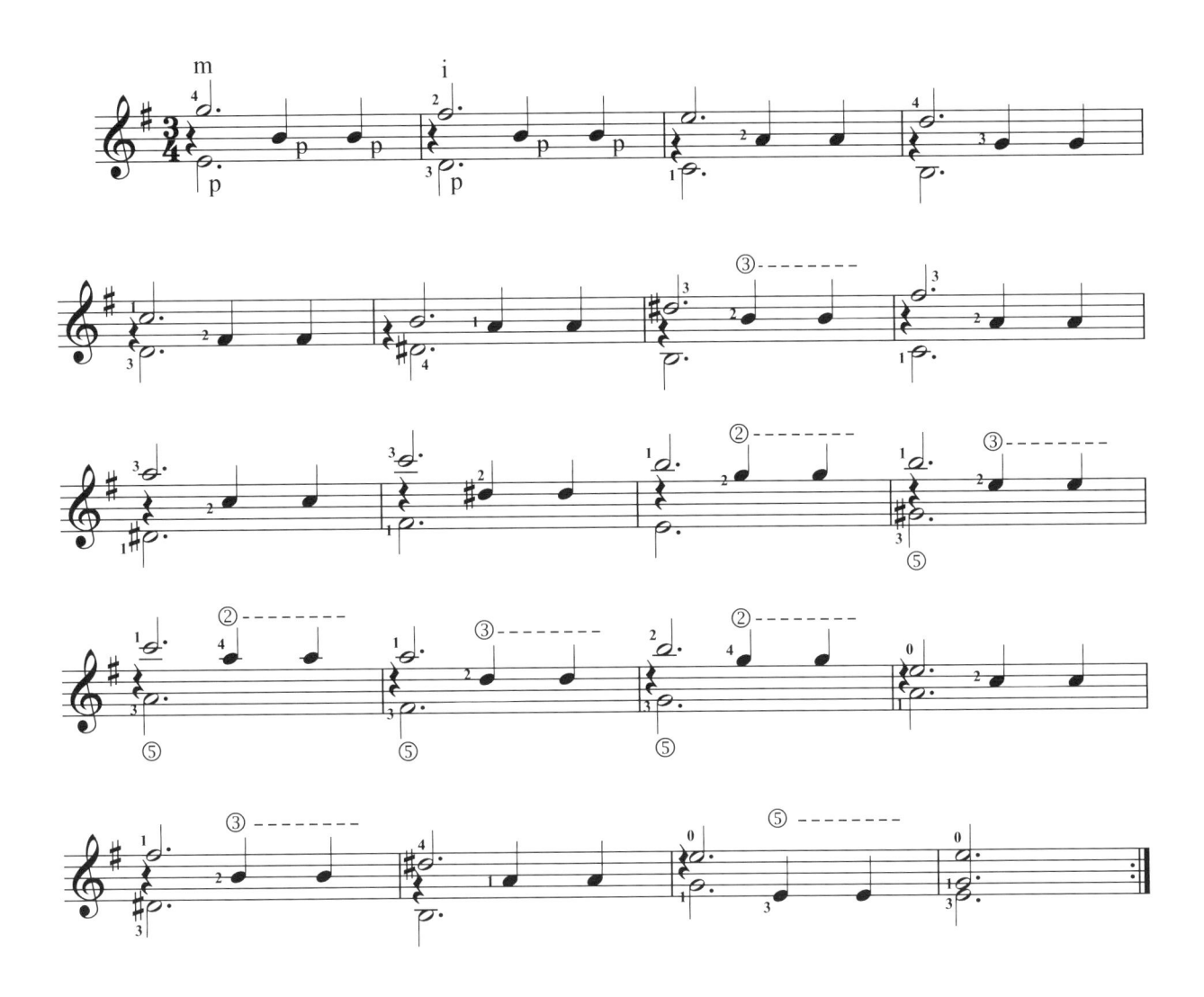

Estudo nº 28

Estudo nº 29

Estudo nº 30

Estudo nº 31

Estudo nº 32

Estudo nº 33

Ocorre aqui um "ligado de mesma nota". Observe que a segunda nota "Mi" está com uma linha curvada "ligando" esta à terceira. Nesses casos, a segunda nota deve ser executada, **a terceira não**, mas **seu tempo deve ser somado à segunda nota**.

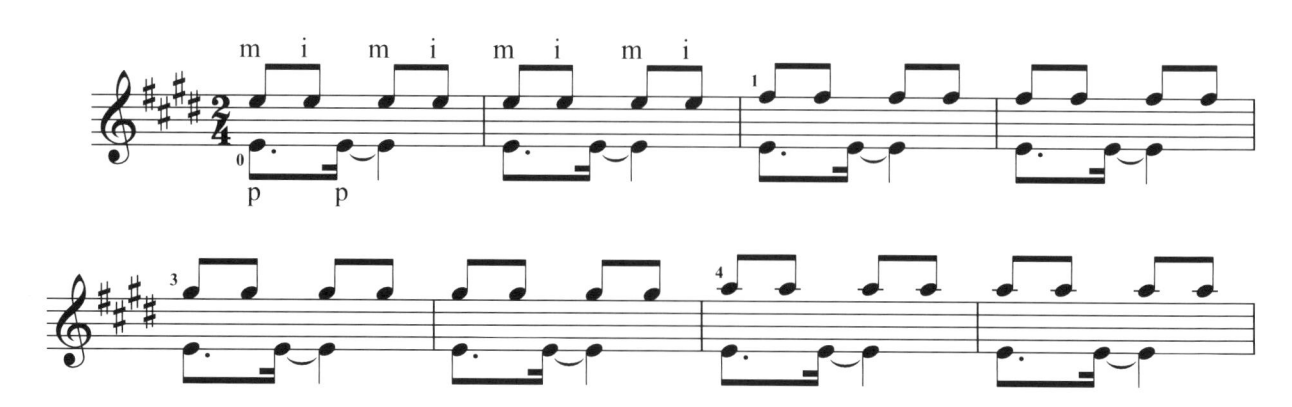

A partir do estudo 34, achamos por bem fazer a correspondência da partitura com o auxílio da tablatura. Este tipo de escrita será um auxílio principalmente no tocante à região mais apropriada a se produzirem as notas.

Como ler a tablatura

A tablatura (TAB) é uma representação análoga ao braço da viola, como se esta estivesse "deitada" com o fundo do instrumento repousado sobre as suas pernas e com o cravelhal a sua esquerda.

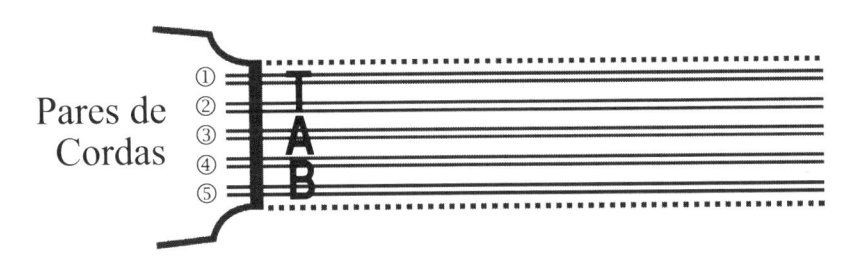

As linhas, de cima para baixo, representam os pares de cordas (de 1 a 5), e os números ali apontados, a casa onde se produzem as respectivas notas da partitura colocada acima do pentagrama. Os números 0 (zero) correspondem àquela respectiva corda, porém solta.

Veja o exemplo:

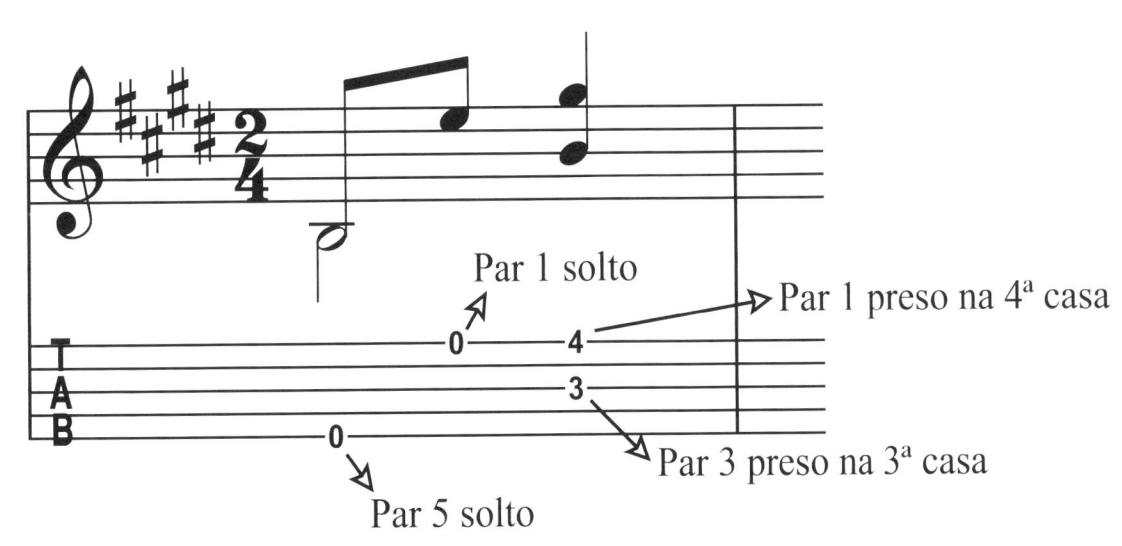

Estudo nº 34

Estudo nº 35

A partir do segundo compasso deste estudo, da penúltima para a última nota, temos um "ligado de nota diferente". Para obter o efeito indicado, a ligadura deverá ser executada só e com o dedo 3 da mão esquerda, o qual se "soltará" da escala "ligando" o som da penúltima nota à nota "Mi" solta, a qual será acionada pelo "soltar" da mão esquerda, sem o auxílio da mão direita.

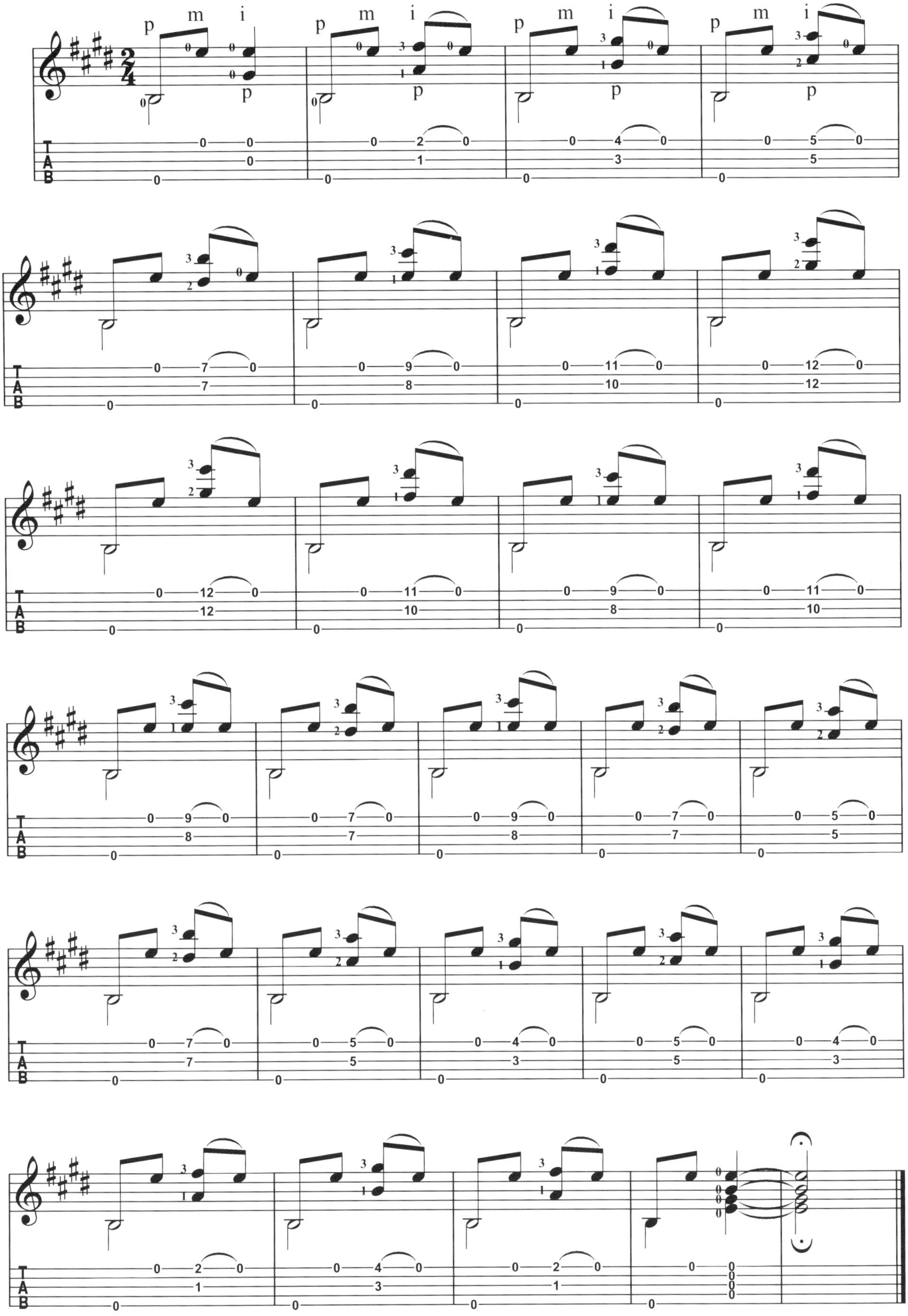

Estudo nº 36

A partir deste estudo até o nº 42, os exercícios se prestam a preparar os movimentos das mãos direita e esquerda à mecânica e à "ginga" observadas nas introduções instrumentais dos "pagodes caipiras".

Para tanto, observe bem as digitações sugeridas. Assimile sempre a ideia sugerida nos dois primeiros compassos de cada estudo (as cordas estão sempre soltas) em que o "bailado" da mão direita é fixado.

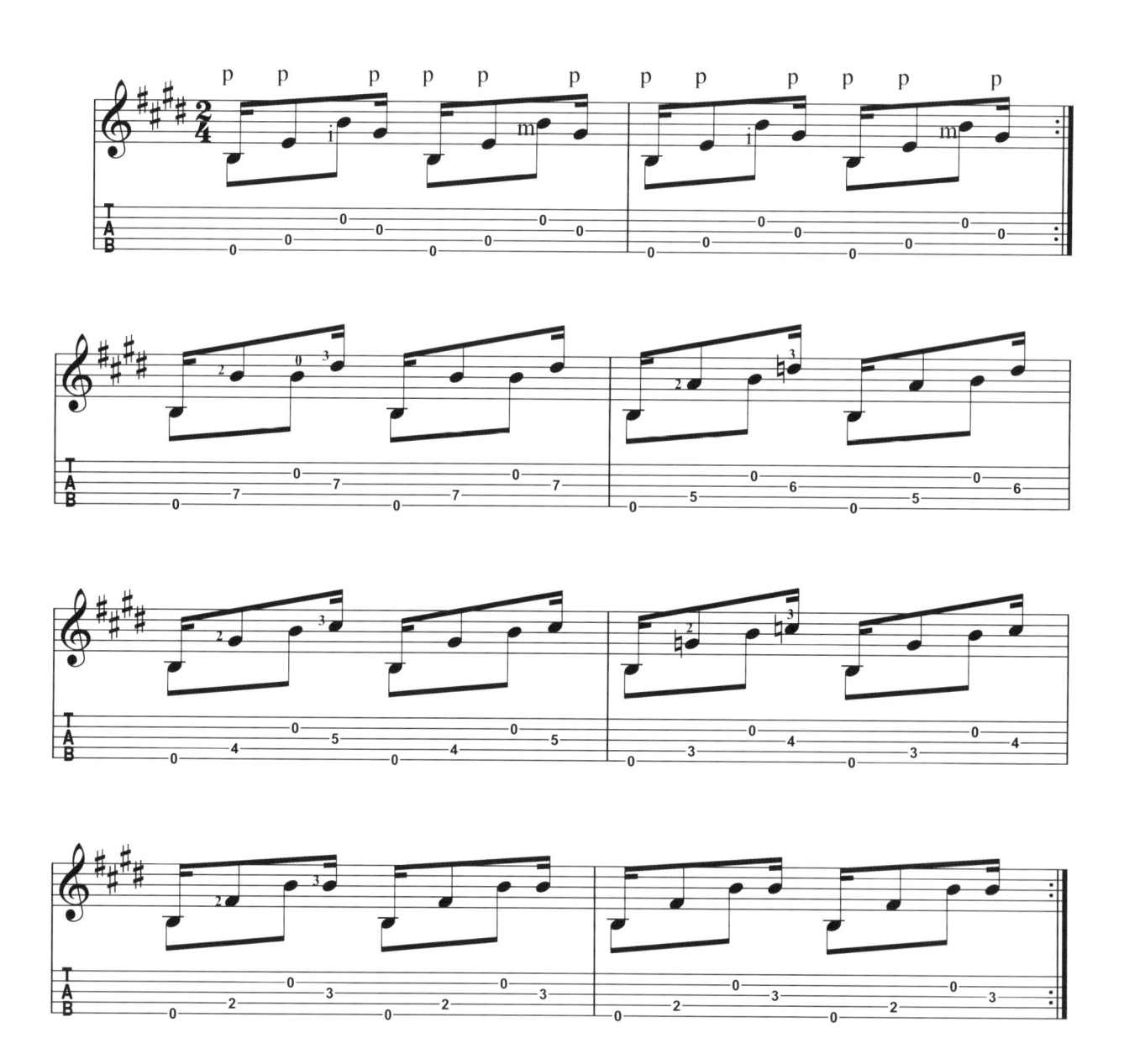

Estudo nº 37

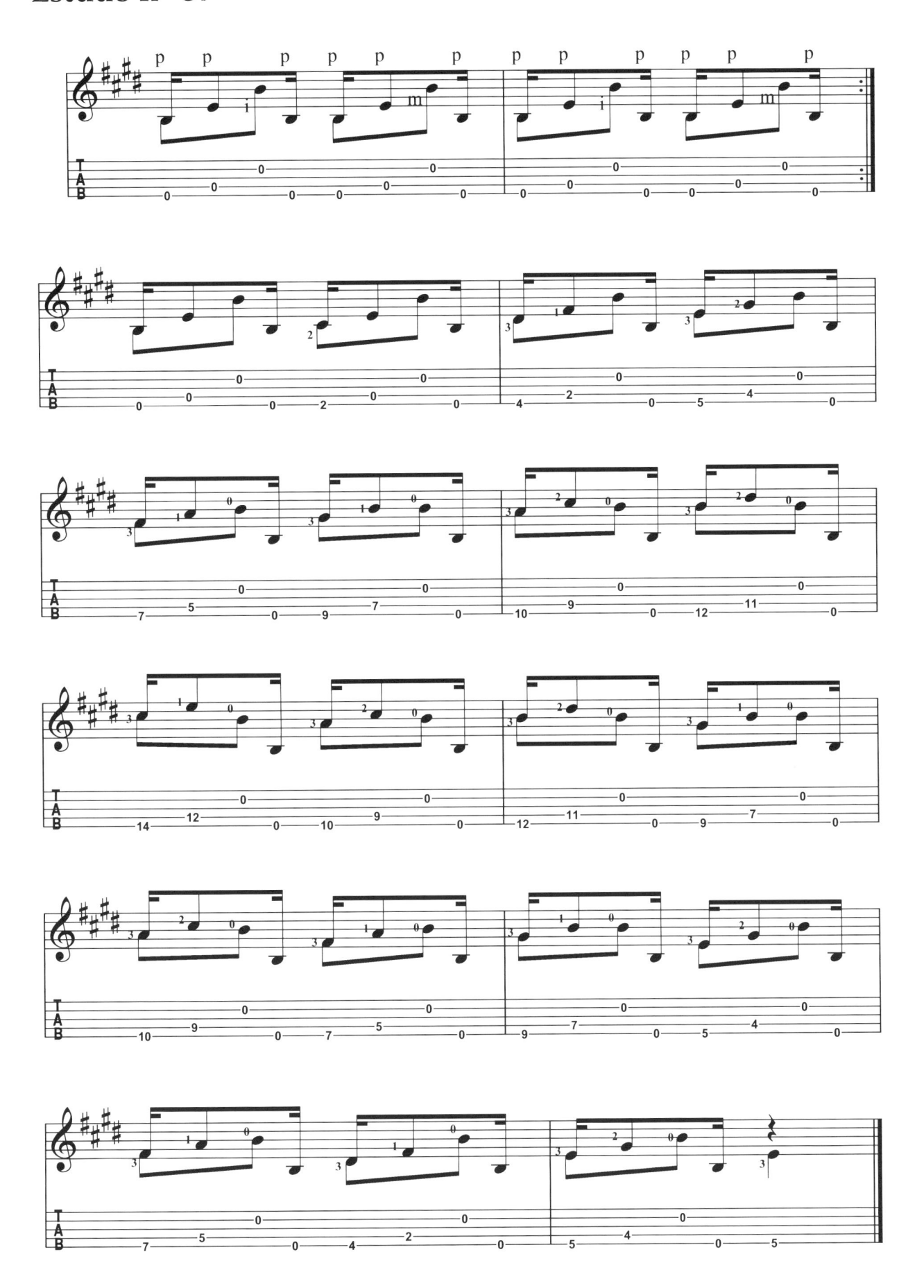

Estudo nº 38

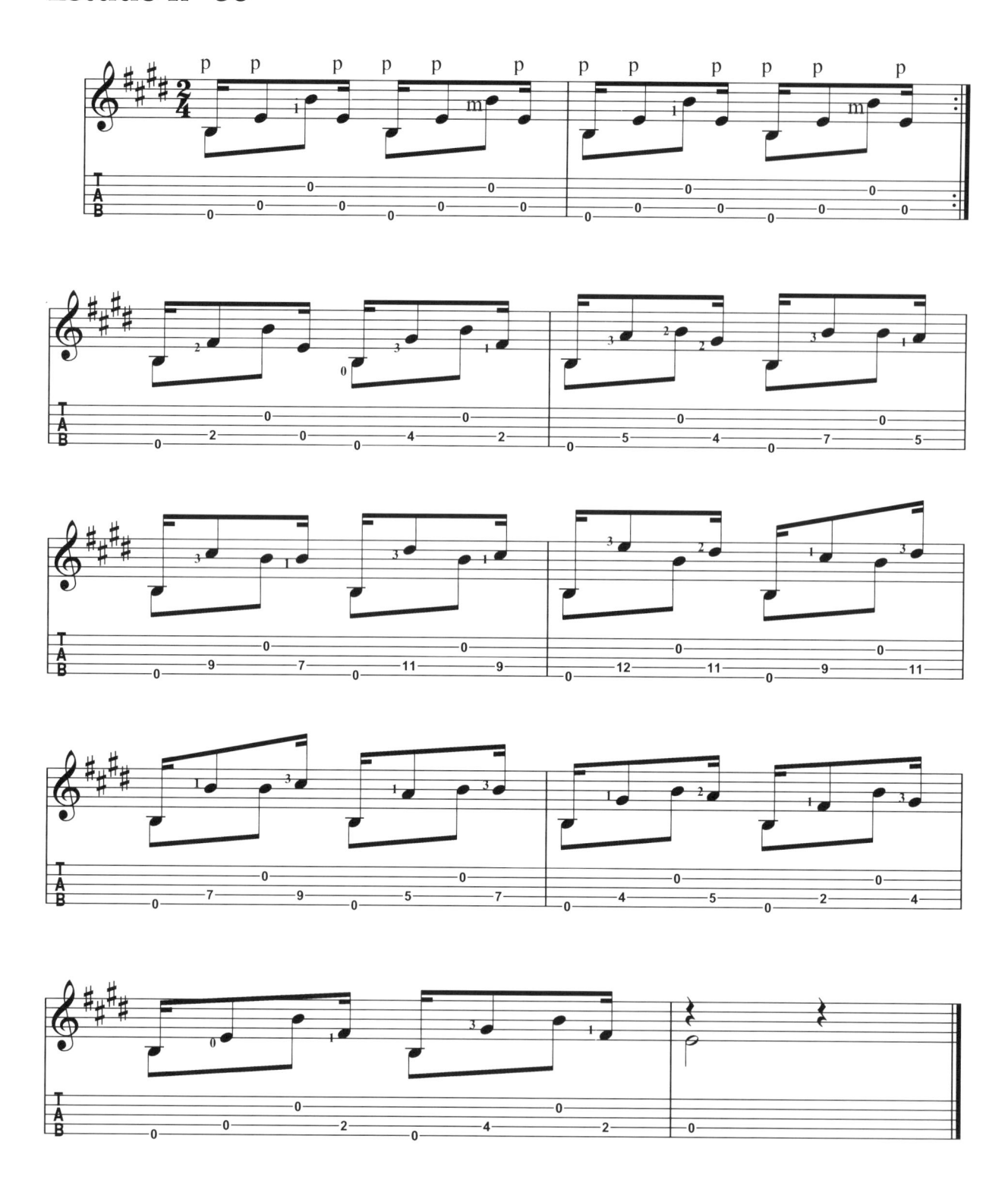

Estudo nº 39

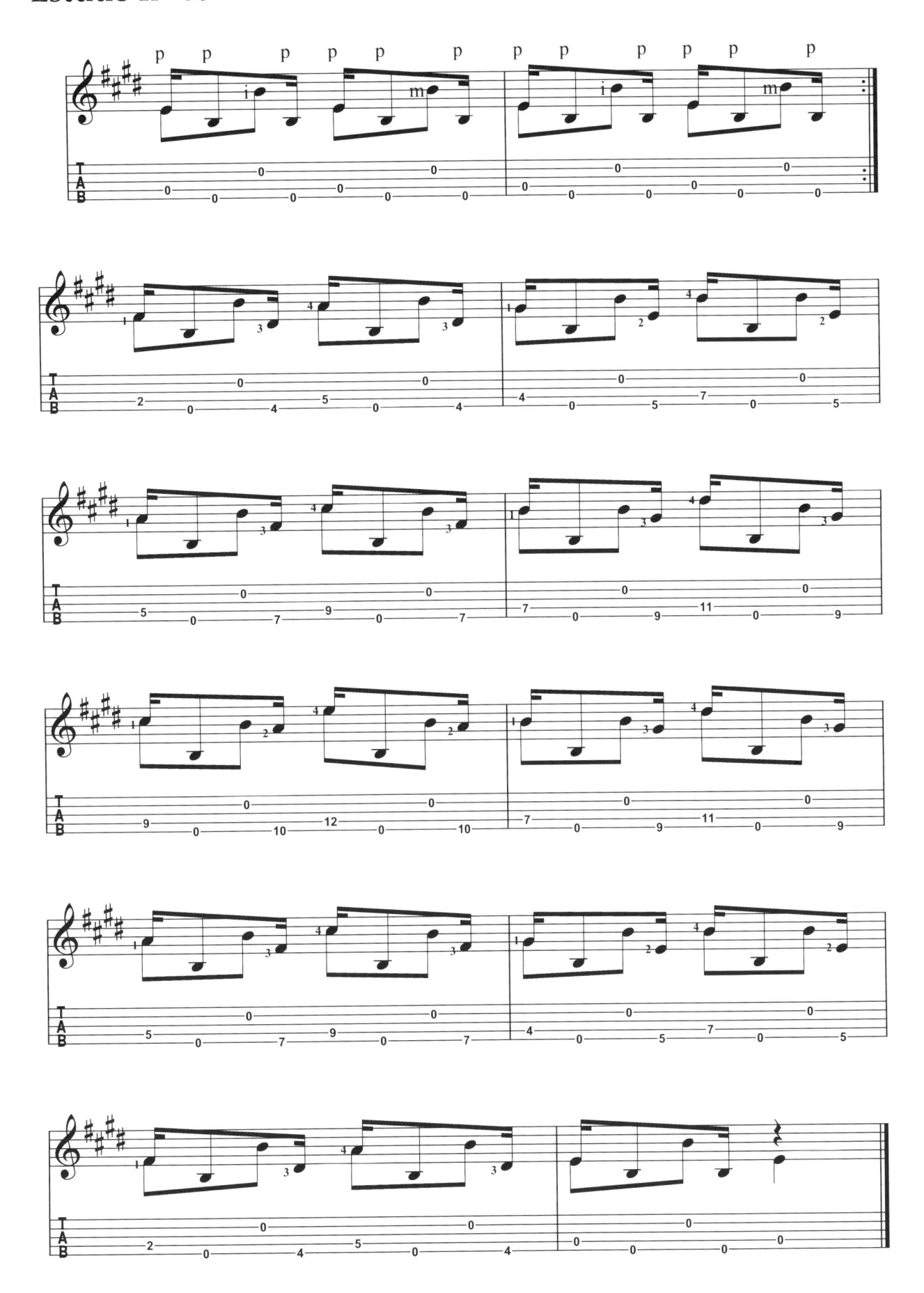

Estudo nº 40

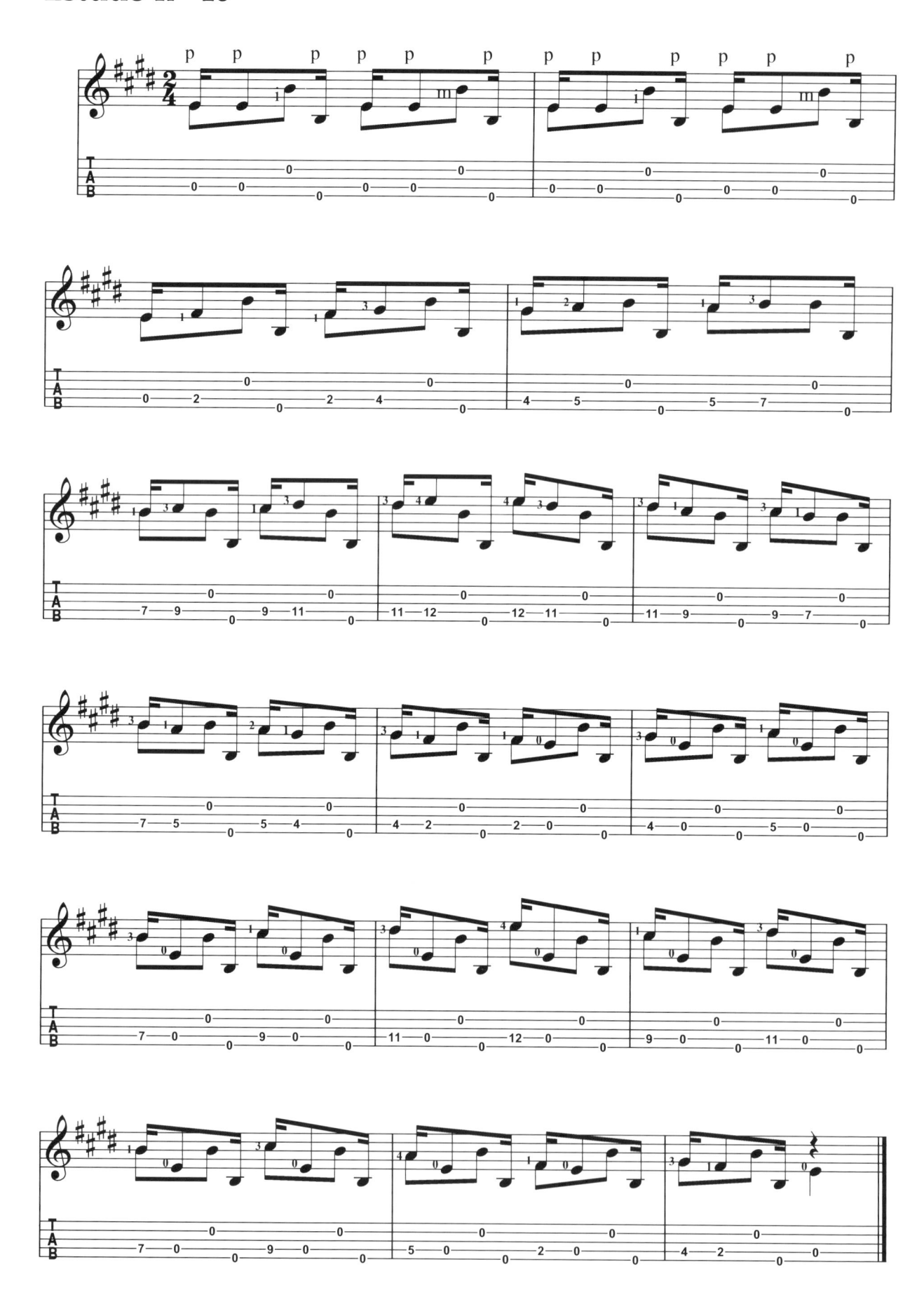

Estudo nº 41

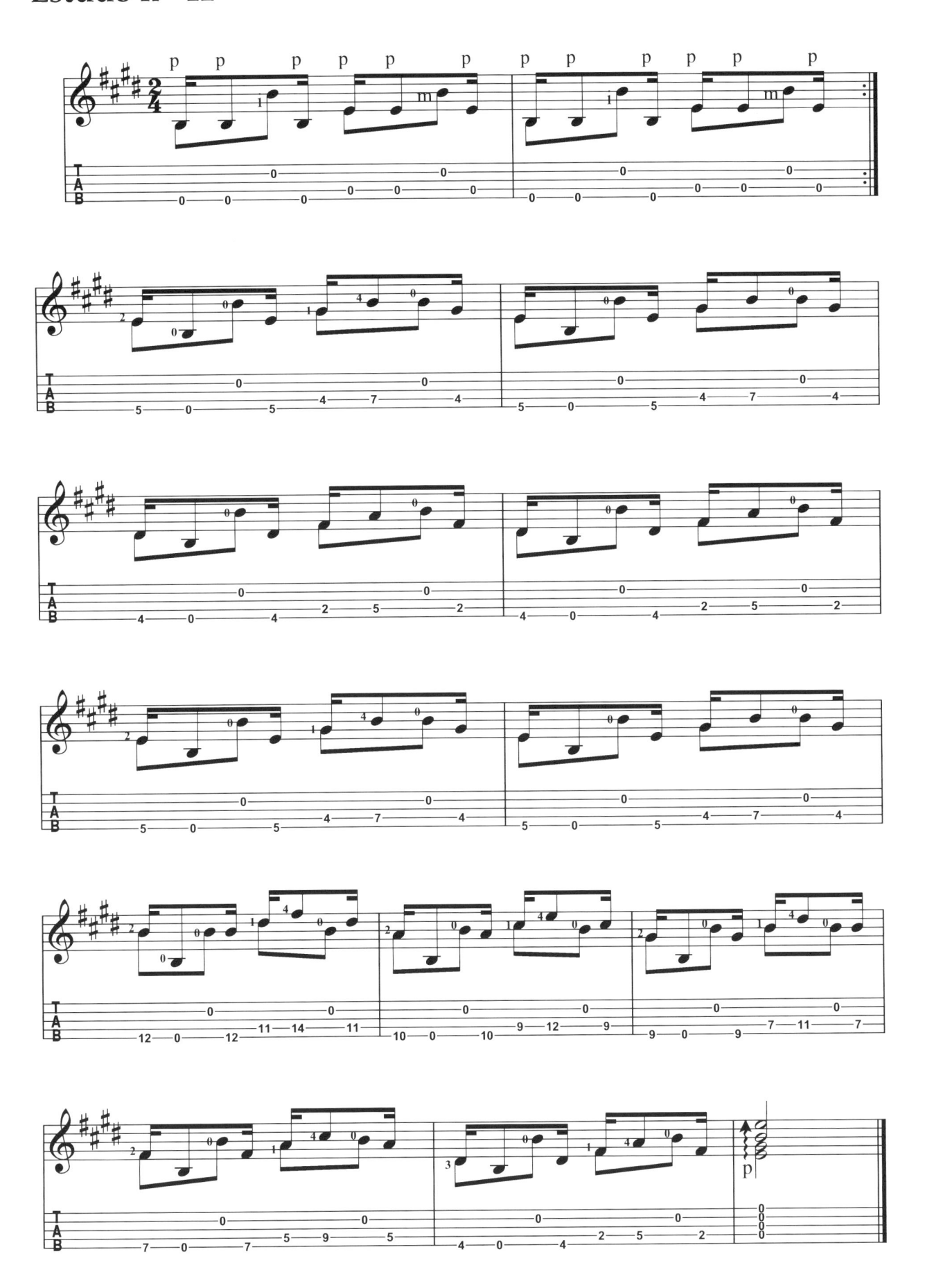

Estudo nº 42